KB086560

토익 기본기 완성   Week 05

빈출 장면_도심

QR코드 하나를
가리고 찍으면 편해요!

▲ MP3 바로듣기   ▲ 강의 바로보기

도심 사진에서는 길을 건너는 사람들의 모습, 가로등, 신호등, 건물의 위치 등을 유심히 살펴야 합니다.
교통 수단으로는 자전거, 자동차, 비행기, 지하철(또는 기차) 사진이 자주 출제됩니다.

■ 기출 문장 익히기

Pedestrians are crossing the street.
보행자들이 길을 건너고 있다.

A man is holding onto a railing.
난간을 붙들고 있다.

She's performing outdoors.
야외에서 공연하고 있다.

There are lampposts along the walkway.
보도를 따라 가로등이 있다.

Vehicles are parked in a row.
차량들이 한 줄로 주차되어 있다.

The buildings are overlooking the water.
건물들이 강을 내려다보고 있다.

A wheelbarrow is being pushed.
외바퀴 손수레가 밀리고 있다.

A man is standing on a ladder.
사다리 위에 서 있다.

They're working at the construction site.
공사장에서 일하고 있다.

They are wearing safety vests.
안전 조끼를 착용하고 있다.

점수 UP 도심 사진에 잘 나오는 생소한 어휘

archway 아치형 길[입구]

railing 난간

curb 연석

ramp 경사로

wheelbarrow 외바퀴 손수레

scaffolding 공사장 비계

Quiz 음원을 듣고 사진을 바르게 묘사한 문장이면 O, 아니면 X에 표시하고, 빈칸을 채워보세요.

1

(A) Some vehicles are parked _____. [O X]
(B) A pedestrian is _____ the road. [O X]

2

(A) A man is wearing a _____. [O X]
(B) A _____ is being pushed. [O X]

정답 및 해설 p. 23

Practice | 정답 및 해설 p. 23

▲ MP3 바로듣기　　▲ 강의 바로보기

오늘 배운 내용을 바탕으로 연습문제를 풀어 보세요.

1

2

3

4

5

Today's VOCA

01 note ★★
노웃(트) [nout]
통 유념하다, 주목하다, 말하다, 언급하다

Please **note** that the shipping takes three business days.
배송은 영업일 기준 3일이 걸린다는 것을 유념하시기 바랍니다.

02 expensive ★★
익스펜시입 [ikspénsiv]
형 비싼

a less **expensive** alternative to
~보다 저렴한 대안

03 determine ★★
디터ㄹ어민 [ditə́:rmin]
통 알아내다, 결정하다, 확정하다

determine what caused the damage
무엇이 손상을 초래했는지 알아내다

04 inspect ★★
인스펙(트) [inspékt]
통 검사하다, 검열하다

inspect the system regularly
정기적으로 시스템을 검사하다
파 **inspection** 명 검열, 검사

05 remind ★★
뤼마인(드) [rimáind]
통 상기시키다

I want to **remind** you that
~라는 사실을 상기시켜드리고자 합니다.

06 prevent ★★
프뤼붼(트) [privént]
통 방지하다, 예방하다, 못하게 하다

check the equipment regularly to **prevent** failure
고장을 방지하기 위해 장비를 정기적으로 점검하다

07 defect ★★
디붸(트) [dí:fekt] / 디붹(트) [difékt]
명 결함, 하자, 흠

discover serious product **defects**
심각한 제품 결함을 발견하다
파 **defective** 형 결함이 있는

08 repair ★★
뤼페어ㄹ [ripéər]
통 수리하다, 수선하다 명 수리, 수선

information on how to **repair** the washing machine
세탁기를 수리하는 방법에 대한 정보

📖 시제

동사는 행위가 발생된 시점에 따라 형태가 변화되는데 이를 시제 변화라고 합니다. 동사의 시제는 12가지가 있는데 이번 Day에서는 가장 기본이 되는 현재시제, 과거시제, 미래시제, 현재완료시제에 대해 알아보겠습니다. 토익에서 시제 문제는 문장에 제시된 각 시제와 어울리는 부사나 시간 표현 등을 확인하고 알맞은 시제를 고르는 유형으로 출제됩니다.

■ 현재시제

현재시제는 반복적인 행위, 변하지 않는 일반적인 사실, 현재의 상태 등을 나타냅니다. 현재시제의 기본 형태는 동사원형을 사용하지만, 주어가 3인칭 단수일 때는 동사에 -(e)s를 붙여 수 일치를 시켜야 합니다.

always 항상	currently 현재	now 지금	usually 보통
sometimes 가끔	often 종종	frequently 종종	routinely 정기적으로
every ~마다	typically 일반적으로		

·········· 현재를 나타내는 부사

First Bank **currently** **offers** the best interest rates.
퍼스트 뱅크는 현재 최고의 이자율을 제공한다.

■ 과거시제

과거시제는 과거에 일어난 행위를 말할 때 사용하는 시제입니다. 과거시제의 기본 형태는 「동사 + -(e)d」이지만, 특정 형태를 가지는 불규칙 과거동사들은 따로 암기해야 합니다.

ago ~전에	yesterday 어제	last + 시간명사 지난 ~에

She **arrived** at the office early **yesterday**.
그녀는 어제 사무실에 일찍 도착했다.

·········· 불규칙 과거동사

She **went** on a business trip **last week**.
그녀는 지난주에 출장을 떠났다.

■ 미래시제

미래시제는 앞으로 일어날 일에 대한 계획, 의지 또는 예측을 말할 때 사용하며, 일반적으로 조동사 will과
동사원형을 함께 써서 '~할 것이다'라는 의미를 나타냅니다.

| tomorrow 내일 | next + 시점명사 다음 ~에 | soon 곧 | this + 시점명사 이번 ~에 |

KG Electronics will launch a new smartphone next month.
KG 전자는 다음 달에 새로운 스마트폰을 출시할 것이다.

They will visit us this Friday.
그들이 이번 주 금요일에 우리를 방문할 것입니다.

■ 현재완료시제

현재완료시제는 과거에서 시작된 일이 현재까지 계속되거나 현재에 와서 완료될 때 사용합니다. 「have/has
p.p.」 형태로 사용하며, 선택지에 과거시제와 함께 제시되기 때문에 과거시제와 구분하여 알아두는 것이 중
요합니다. 과거시제의 경우, 과거에 시작한 일이 과거에 끝났을 때 사용하기 때문에 현재에 영향을 미치지
않습니다.

just 방금	already 이미, 벌써	yet 아직
recently 최근에	for[over] + 기간 ~동안	since + 과거시점 명사 ~이후로
since 주어 + 과거시제 ~이후로		

Mr. Jeffreys hasn't finished this quarter's report yet.
제프리 씨는 아직 이번 분기의 보고서를 끝내지 못했다.

We have held staff soccer competitions since our company was first established.
회사가 처음 설립된 이후로, 우리는 직원 축구 대회를 개최해왔습니다.

 3초 퀴즈

Mr. Shaw ------- for the company for 20 years.

(A) works
(B) has worked

▲ 강의 바로보기

오늘 배운 내용을 바탕으로 연습문제를 풀어 보세요.

1   Elsa Financial Group ------- a staff meeting every Monday morning.

(A) holds   (B) is holding
(C) will hold   (D) to hold

memo

2   Next month, the student cafeteria in the dormitory ------- closing at 6 P. M.

(A) are   (B) has been
(C) was   (D) will be

3   For the past five years, Monarch Hotel ------- high standards in the hospitality industry.

(A) has set   (B) to set
(C) sets   (D) will be setting

4   LightSpeed Manufacturing Inc. ------- yesterday that it will move its factories to China over the next year.

(A) announced   (B) has announced
(C) announcing   (D) announces

5   Many news channels ------- extensive damage in the region since the last earthquake.

(A) report   (B) will report
(C) have reported (D) reported

Today's VOCA

▲ MP3 바로듣기

01 temporary ★★
템퍼뤠뤼 [témpəreri]
형 임시의

a **temporary** password
임시 비밀번호

02 inform ★★
인뿨ㄹ엄 [infɔ́:rm]
동 알리다

inform 사람 that
~에게 …라고 알리다
파 **informative** 형 유익한

03 forward ★
뿨ㄹ워ㄹ(드) [fɔ́:rwərd]
동 (제3자에게) 전송하다   부 계속, 앞으로

forward product inquiries to the sales department
제품 문의를 영업부로 전송하다

04 technical ★
테크니컬 [téknikəl]
형 기술의, 기술적인

contact Mr. Keys for **technical** assistance
기술 관련 도움을 받으려고 키즈 씨에게 연락하다
파 **technician** 명 기술자

05 resume ★
동 뤼주움 [rizú:m]   명 뤠주메이 [rézumei]
동 재개되다, 재개하다   명 이력서

will **resume** as soon as possible
가능한 한 빨리 재개될 것이다

06 maintenance ★
메인터넌스 [méintənəns]
명 유지보수

undergo regular **maintenance**
정기적인 유지보수를 받다
파 **maintain** 동 유지하다, 관리하다

07 unfortunately ★
언뿨ㄹ춰넛(틀)리 [ənfɔ́:rtʃənətli]
부 아쉽게도, 안타깝게도

Unfortunately, the shipment is missing an item.
아쉽게도, 배송에서 물품이 하나 빠져 있습니다.

08 minor ★
마이너ㄹ [máinər]
형 사소한, 작은

correct **minor** errors
사소한 오류들을 바로잡다

빈출 장면_풍경

▲ MP3 바로듣기   ▲ 강의 바로보기

풍경 사진에서는 항구, 해변이나 호숫가, 공원, 숲 등이 주로 등장합니다. 사람들이 있을 경우 쉬거나, 걷거나, 누워있는 등의 동작 및 상태를 살펴봐야 합니다. 사물을 확인할 때는 하나하나 자세히 보기보다는 전체적인 풍경을 빠르게 훑어보는 것이 좋습니다.

■ 기출 문장 익히기

A man is hiking through a forest.
숲을 걷고 있다.

A man is strolling down a path.
오솔길을 거닐고 있다.

There's a fountain in the park.
공원에 분수대가 있다.

A bench is next to a water fountain.
분수대 옆에 벤치가 있다.

Picnic tables are lined up in a row.
피크닉 테이블들이 한 줄로 있다.

People are relaxing in the park.
사람들이 공원에서 휴식을 취하고 있다.

Tree branches are covered with snow.
나뭇가지에 눈이 덮여 있다.

A beach umbrella has been set up.
비치 파라솔이 설치되어 있다.

Some boats are docked at a pier.
보트들이 부두에 정박해 있다.

A ferry is sailing.
여객선이 항해하고 있다.

A bridge has been built over a harbor.
항구 위로 교량이 설치되어 있다.

점수 UP 생소한 항구 관련 어휘/표현

- dock [닥] n. 부두 v. 정박시키다
- pier [피어r] n. 부두
- harbor [하r버r] 항구
- be docked 정박되다
- be tied to ~에 고정되다, 묶이다

- Boats are tied to a dock.
  배들이 부두에 묶여 있다.

- Boats are docked at a pier.
  배들이 부두에 정박해 있다.

harbor

dock, pier

Quiz 음원을 듣고 사진을 바르게 묘사한 문장이면 O, 아니면 X에 표시하고, 빈칸을 채워보세요.

1

(A) The roof of a house is _____ [O X]
    with snow.
(B) Trees are being _____ in front of [O X]
    a house.

2

(A) There are _____ in the park. [O X]
(B) Some people are _____ in the [O X]
    park.

정답 및 해설 p. 25

Practice

정답 및 해설 p. 26

오늘 배운 내용을 바탕으로 연습문제를 풀어 보세요.

 ▲ MP3 바로듣기

 ▲ 강의 바로보기

1

2

3

4

5

Today's VOCA

01 component
컴포우년(트) [kəmpóunənt]
몡 구성 요소, 부품, 부속

a main **component** of
~의 주요 요소

02 face
뻬이(스) [feis]
통 직면하다, 마주보다　몡 면전, 얼굴

face a risk
위험에 직면하다

03 enthusiastically
인쑤지애스티컬리 [inθu:ziǽstikəli]
뷔 열광적으로, 열중하여

welcome the guest speaker
enthusiastically
초대 연사를 열광적으로 환영하다

파 **enthusiastic**　혱 열성적인, 열렬한

04 notice
노(우)티스 [nóutis]
몡 고지, 알림　통 인지하다, 알리다

give 30 days' **notice**
30일 전에 고지하다

05 gradually
그래쥬얼리 [grǽdʒuəli]
뷔 점차, 점점, 서서히

gradually increase
점차 상승하다

06 regretfully
뤼그뤳쀨리 [rigrétfəli]
뷔 유감스럽게도

regretfully do not have time to participate
유감스럽게도 참석할 시간이 없다

07 approval ★★★
어프루벌 [əprú:vəl]
몡 승인

be subject to **approval** by the board of
directors 이사회의 승인을 받아야 하다

파 **approve**　통 승인하다

08 request ★★★
뤼퀘스(트) [rikwést]
몡 요청　통 요청하다

at one's **request**
~의 요청에 따라

동사의 특성 ❷

▲ 강의 바로보기

📖 수 일치

영어 문장에서 동사는 주어의 수에 따라 다른 형태로 써야 합니다. 주어가 단수일 때 단수동사를 사용하고, 주어가 복수일 때는 복수동사를 사용해야 합니다. 이렇게 주어와 동사의 수를 맞춰 주는 것을 수 일치라고 합니다.

■ 단수주어 + 단수동사

주어가 단수일 때 동사는 동사 끝에 -(e)s를 붙인 단수형으로 사용됩니다. 단수주어에는 셀 수 있는 명사의 단수 형태와 불가산명사, 사람 이름과 회사명 등의 고유명사도 포함됩니다. 또한, 명사 외에도 곧 배울 동명사, to부정사, 명사절도 주어로 쓰일 수 있는데, 이 세 가지도 단수주어로 취급합니다.

················ 3인칭 단수주어

Mr. Weaver goes on a business trip once a month.
위버 씨는 한 달에 한 번 출장을 간다.

················ 뒤에 -s가 붙어 복수주어 같지만 고유명사는 단수로 취급해요.

Max Services needs to upgrade its system.
맥스 서비스는 자사의 시스템을 업그레이드하는 것이 필요하다.

단수주어일 때 be동사의 단수 형태는 is/was로 사용되고, 현재완료시제는 「has + p.p.」로 씁니다.

Mr. Findlay has been a supporter of the non-profit organization since 2010.
핀들레이 씨는 2010년 이래로 비영리단체의 후원자였다.

3초 퀴즈

The branch manager usually ------- the office early.

(A) leave
(B) leaves

■ 복수주어 + 복수동사

「단수주어 + 단수동사」와 같이, 주어가 복수일 경우에 동사도 복수 형태가
되어야 합니다. 복수동사의 기본 형태는 동사원형이며, be동사의 복수형
태는 are/were로 사용되고, 현재완료시제는 「have + p.p.」로 씁니다.

> **All factory workers are required** to wear a helmet at all times.
> 모든 공장 근로자들은 항상 헬멧을 착용해야 한다.
>
> **Many employees have** their lunch in the cafeteria.
> 많은 직원들이 구내식당에서 점심을 먹는다.

 **5초 단축비법**

수 일치를 방해하는 전치사구 주의하기

주어와 동사 사이에 아래 예문의 in the terminal 같은 「전치사 + 명사」로 이루어진 전치사구가 오는 경
우, 전치사 뒤에 있는 명사 terminal을 주어로 생각해서 이 단수명사에 동사의 수를 일치시켜 has를 고
르는 실수를 할 수 있습니다. 이 경우, 문장의 진짜 동사를 먼저 찾은 후, 전치사구를 지워서 진짜 주어
에 동사의 수를 일치시켜야 합니다.

복수주어 buses에 수 일치한 복수동사

> **The buses** in the terminal **have** a ticket scanner next to the driver.
> 터미널에 있는 버스들은 운전기사 옆에 승차권 스캐너를 갖고 있다.

Practice 정답 및 해설 p. 27

오늘 배운 내용을 바탕으로 연습문제를 풀어 보세요.

1 The Guildford Hotel ------- its guests with a complimentary breakfast.

(A) provide   (B) providing

(C) to provide   (D) provides

memo _____

2 Some of the office supplies ------- too much space in the office.

(A) takes up   (B) taking up

(C) take up   (D) taken up

3 ------- to the Natural History Museum are asked to register in advance for the guided tour service.

(A) Visitor   (B) Visit

(C) Visitors   (D) Visited

4 Kadosa Electronics ------- its product details on the "Merchandise" page of its Web site.

(A) outlining   (B) outlines

(C) to outline   (D) outline

5 As for our accommodation, most hotels in the area ------- already booked.

(A) is   (B) be

(C) are   (D) to be

Today's VOCA

01 detail ★★
명 디테일 [díːteil] 동 디테일 [ditéil]
명 세부 정보 동 상세히 설명하다

for more **details** on the discount program
할인 프로그램에 대해 세부 정보가 더 필요하다면
📌 **detailed** 형 상세히 설명된

02 competitive ★★
컴페터티입 [kəmpétətiv]
형 경쟁력 있는, 경쟁의, 경쟁적인

offer **competitive** rates for auto insurance
자동차 보험에 대해 경쟁력 있는 보험료를 제공하다

03 proposal ★★
프뤄포우절 [prəpóuzəl]
명 제안

the **proposal** presented by the marketing
manager 마케팅 부장이 제시한 제안
📌 **propose** 동 제안하다

04 acceptable ★★
액쎕터블 [ækséptəbl]
형 만족스러운, 받아들일 수 있는, 괜찮은

an **acceptable** offer
만족스러운 제안

05 lengthy ★★
렝씨 [léŋkθi]
형 긴, 장황한

for a **lengthy** period
긴 기간 동안

06 initiative ★★
이니셔티입 [iníʃiətiv]
명 (특정 목적을 이루려는) 계획, 방안, 주도, 솔선

be involved in the **initiative** to do
~하려는 계획에 동참하고 있다

07 measure ★★
매줘ㄹ [méʒər]
명 조치 동 재다, 측정하다

take strict **measures**
엄격한 조치를 취하다
📌 **measurement** 명 치수, 측정

08 negotiation ★★
니고쉬에이션 [nigouʃiéiʃən]
명 협상, 협의

ongoing **negotiations**
진행 중인 협상
📌 **negotiate** 동 협상하다

DAY 04

Part 5 동사의 특성 ②

Weekly Test

정답 및 해설 p. 28

VOCA

● 단어와 그에 알맞은 뜻을 연결해 보세요.

1 competitive • • (A) 긴, 장황한

2 temporary • • (B) 임시의

3 lengthy • • (C) 경쟁력 있는, 경쟁의

● 다음 빈칸에 알맞은 단어를 선택하세요.

4 check the equipment regularly to ------- failure
고장을 방지하기 위해 장비를 정기적으로 점검하다

5 will ------- as soon as possible
가능한 한 빨리 재개될 것이다

6 ------- do not have time to participate
유감스럽게도 참석할 시간이 없다

(A) prevent
(B) regretfully
(C) resume

● 실전 문제에 도전해 보세요.

7 Please ------- that the shipping takes three business days.

(A) maintain (B) note
(C) approve (D) inform

8 The laboratory examined the sample and ------- the findings to the physician.

(A) forwarded (B) measured
(C) inspected (D) requested

한 주 동안 학습한 내용을 적용하여 기출변형 문제들을 풀어 보세요.

▲ MP3 바로듣기　　▲ 강의 바로보기

1

2

3

4

5

한 주 동안 학습한 내용을 적용하여 기출변형 문제들을 풀어 보세요.

▲ 강의 바로보기

1   Haven Airways routinely ------- arriving passengers to fill out a survey about the cabin
crew service.

(A) asked
(B) asks
(C) will ask
(D) had asked

2   We ------- the contract with the supplier recently to ensure that there will be no more late
deliveries.

(A) amend
(B) are amending
(C) have amended
(D) will amend

3   This e-mail ------- receipt of your membership application form.

(A) acknowledging
(B) acknowledgement
(C) acknowledge
(D) acknowledges

4   Toronto Web Association members ------- next month at the SES Conference to discuss
marketing trends.

(A) to convene
(B) will convene
(C) convening
(D) convened

5   An increase in competition in the aviation industry ------- a significant drop in air fares last
year.

(A) causes
(B) causing
(C) caused
(D) to cause

6   Copies of the meeting agenda ------- not distributed to staff without the director's permission.

(A) are
(B) is
(C) being
(D) was

7   Pastachio's Italian Restaurant on the lake ------- excellent service to its customers.

(A) provide
(B) providing
(C) to provide
(D) provides

8   The agency ------- data on consumer spending trends according to age group since 2001.

(A) has collected
(B) will collect
(C) is collecting
(D) to collect

9   The sales event on king cakes at Pampano's Bakery ------- every three months.

(A) is held
(B) are held
(C) have held
(D) holding

10 The results of our market research study ------- in the report contained in this information pack.

(A) summarizes
(B) is summarizing
(C) to summarize
(D) are summarized

Week **05**

정답 및 해설

Day 01 빈출 장면_도심

Quiz

1.

(A) Some vehicles are parked in a row. [O]
(B) A pedestrian is crossing the road. [X]

(A) 몇몇 차량들이 일렬로 주차되어 있다.
(B) 보행자가 길을 건너고 있다.

어휘 **vehicle** 차량 **in a row** 한 줄로 **pedestrian** 보행자
cross ~을 건너다 **road** 길

2.

(A) A man is wearing a safety helmet. [O]
(B) A wheelbarrow is being pushed. [O]

(A) 남자가 안전모를 쓰고 있다.
(B) 외바퀴 손수레가 밀어지고 있다.

어휘 **safety helmet** 안전모 **wheelbarrow** 외바퀴 손수레
push ~을 밀다

Practice

1. (A)   **2.** (A)   **3.** (D)   **4.** (B)   **5.** (B)

1.

(A) A pedestrian is crossing a street.
(B) A woman is getting into a car.
(C) Cars are stopped at an intersection.
(D) Some cars are parked near a curb.

(A) 보행자가 길을 건너고 있다.
(B) 여자가 자동차에 타고 있는 중이다.
(C) 자동차들이 교차로에서 멈춰 있다.
(D) 몇몇 자동차들이 연석 가까이에 주차되어 있다.

정답 (A)

해설 (A) 횡단보도 위로 보행자가 길을 건너고 있으므로 정답.
(B) 사진 속의 여자가 자동차에 타고 있는 동작을 하고 있지 않
으므로 오답.
(C) 사진 속에 교차로가 없으므로 오답.
(D) 사진 속의 자동차들은 주행 중에 정지한 상태이며, 주차된
것이 아니므로 오답.

어휘 **pedestrian** 보행자 **cross** ~을 건너다 **get into** ~에
들어가다, 타다 **intersection** 교차로 **curb** 연석

2.

(A) People are walking under an archway.
(B) A road is being paved with bricks.
(C) A sign is being posted on a wall.
(D) There are lampposts on both sides of the
street.

(A) 사람들이 아치형 입구 아래를 걷는 중이다.
(B) 도로가 벽돌로 포장되는 중이다.
(C) 표지판이 벽에 게시되는 중이다.
(D) 거리 양쪽에 가로등들이 있다.

정답 (A)
해설 (A) 여러 사람들이 거리 위에서 걷고 있으며, 사람들 위로 아치 모양의 구조물이 보이므로 정답.
(B) 도로가 포장되는 공사가 진행되는 사진이 아니므로 오답.
(C) 표지판을 게시하는 사람을 찾아볼 수 없으므로 오답.
(D) 가로등으로 보이는 사물이 나타나 있기는 하지만 '거리 양쪽으로 세워져 있는(on both sides of the street)' 것은 아니므로 오답.

어휘 **walk** 걷다 **under** ~의 아래에 **archway** 아치형 입구
pave v. (길 등) ~을 포장하다 **brick** 벽돌 **sign** 표지(판)
post v. 게시하다, 걸다 **wall** 벽 **lamppost** 가로등
on both sides of ~의 양쪽에

3.

(A) Some people are waiting in line for tickets.
(B) There are some performances on a stage.
(C) A musician is unpacking his equipment.
(D) A man is performing outdoors.

(A) 몇몇 사람들이 티켓을 사기 위해 줄을 서서 기다리고 있다.
(B) 몇몇 공연이 무대 위에서 이루어지고 있다.
(C) 한 음악가가 그의 장비를 꺼내고 있다.
(D) 한 남자가 야외에서 공연을 하고 있다.

정답 (D)
해설 (A) 사람들은 한 남자의 공연을 보거나 모여서 이야기를 나누고 있으므로 오답.
(B) 한 남자가 무대 없이 길 위에서 공연을 하고 있으므로 오답.
(C) 남자는 기타를 연주하고 있으며 장비를 꺼내고 있지 않으므로 오답.
(D) 한 남자가 기타를 치면서 노래를 부르는 공연을 야외에서 하고 있으므로 정답.

어휘 **waiting in line** 줄 서서 기다리다 **performance** 공연
stage 무대 **musician** 음악가 **unpack** 꺼내다, (짐을)
풀다 **equipment** 장비 **perform** 공연하다 **outdoors**
야외에서

4.

(A) Some boats are passing under a bridge.
(B) Some buildings are overlooking the water.
(C) Some passengers are boarding a boat.
(D) Some people are boating on a river.

(A) 몇몇 배들이 다리 밑을 지나가고 있다.
(B) 몇몇 건물들이 강을 내려다보고 있다.
(C) 몇몇 승객들이 배에 탑승하고 있다.
(D) 몇몇 사람들이 강에서 배를 타고 있다.

정답 (B)
해설 (A) 사진 속에 다리가 없으므로 오답.
(B) 멀리 보이는 건물들이 물가를 따라 서 있으면서 강을 내려다보고 있으므로 정답.
(C) 배에 오르고 있는 사람들이 없으므로 오답.
(D) 배에 타고 있는 사람들이 없으므로 오답.

어휘 **boat** 배, 배를 타다 **pass** ~을 지나가다 **bridge** 다리
overlook (건물이) ~을 내려다보다, 바라보다 **passenger**
승객 **board** ~에 탑승하다

5.

(A) A roof is being repaired.
(B) They're working at a construction site.
(C) One of the men is climbing a ladder.
(D) A construction vehicle has been parked near a building.

(A) 지붕이 수리되고 있는 중이다.
(B) 사람들이 공사 현장에서 작업중이다.
(C) 남자들 중 한 사람이 사다리를 오르고 있다.
(D) 공사용 차량이 건물 근처에 세워져 있다.

정답 (B)
해설 (A) 사진 속에 지붕으로 보이는 것이 없으므로 오답.

(B) 공사장 인부들이 공사를 하고 있으므로 정답.
(C) 사다리를 오르는 사람은 보이지 않으므로 오답.
(D) 사진 속에 공사용 차량은 보이지 않으므로 오답.

어휘 roof 지붕 repair ~을 수리하다 construction site 공사현장 climb ~을 오르다 ladder 사다리 vehicle 차량

Day 02 동사의 특성 ❶

3초 퀴즈

정답 (B)

해석 쇼 씨는 그 회사에서 20년동안 일해왔다.

해설 빈칸 뒤에 「for + 기간」 표현이 나와 있으므로 과거에서 시작된 일이 현재까지 지속되는 상태를 나타내는 현재완료시제 (B) has worked가 정답이다.

어휘 work 일하다

Practice

1. (A)	2. (D)	3. (A)	4. (A)	5. (C)

1.

정답 (A)

해석 엘사 금융그룹은 매 월요일 아침마다 직원 회의를 개최한다.

해설 빈칸 앞뒤로 주어와 목적어가 있으므로 빈칸은 동사 자리이다. 또한, 문장 맨 끝에 반복적인 행위를 나타내는 표현인 every Monday morning이 제시되어 있으므로 현재시제 (A) holds가 정답이다.

어휘 financial 금융의 staff 직원 every 매~마다 hold ~을 개최하다

2.

정답 (D)

해석 다음 달에, 기숙사 내에 있는 학생 구내식당은 오후 6시에 문을 닫을 것입니다.

해설 문장 맨 앞에 나온 Next month와 어울리는 시제는 미래시제이므로 (D) will be가 정답이다.

어휘 cafeteria 구내식당 dormitory 기숙사 close 문을 닫다

3.

정답 (A)

해석 지난 5년 동안, 모나크 호텔은 서비스업에서 높은 기준을 정해왔다.

해설 문장 맨 앞에 전치사 For과 기간이 제시되어 있으므로 빈칸에는 과거에서 시작된 일이 현재까지 계속되고 있음을 나타낼 수 있는 시제가 와야 한다. 따라서 현재완료시제 (A) has set이 정답이다.

어휘 high 높은 standard 기준 hospitality industry 서비스업 set ~을 정하다

4.

정답 (A)

해석 라이트스피드 매뉴팩처링 사는 내년에 걸쳐 자사의 공장들을 중국으로 이전할 것이라고 어제 발표했다.

해설 빈칸 앞뒤로 주어와 목적어가 제시되어 있으므로 빈칸은 동사 자리이다. 또한, 빈칸 바로 뒤에 있는 부사 yesterday가 과거 시점을 나타내므로 (A) announced가 정답이다.

어휘 yesterday 어제 move A to B A를 B로 이전하다 factory 공장 announce ~을 발표하다

5.

정답 (C)

해석 많은 뉴스 채널들이 지난 지진 이후로 그 지역의 광범위한 피해에 대해 보도해왔다.

해설 문장 맨 끝에 since와 과거시점 명사가 제시되어 있으므로 빈칸에는 현재완료시제가 들어가야 한다. 따라서 (C) have reported가 정답이다.

어휘 many 많은 extensive 광범위한 damage 피해 region 지역 since ~이후로 earthquake 지진 report ~을 보도하다

Day 03 빈출 장면_풍경

Quiz

1.

(A) The roof of a house is <u>covered</u> with snow. [O]

(B) Trees are being <u>planted</u> in front of a house. [X]

(A) 집의 지붕이 눈으로 덮여 있다.

(B) 나무들이 집 앞에 심어지고 있다.

어휘 **roof** 지붕 **be covered with** ~로 덮여 있다 **plant** ~을 심다

2.

(A) There are <u>fountains</u> in the park. [O]

(B) Some people are <u>relaxing</u> in the park. [O]

(A) 공원에 분수들이 있다.

(B) 몇몇 사람들이 공원에서 휴식을 취하고 있다.

어휘 **fountain** 분수 **relax** 휴식을 취하다

Practice

1. (D)	2. (D)	3. (A)	4. (C)	5. (B)

1.

(A) People are resting on a beach.

(B) People are swimming in the water.

(C) Some plants are being watered.

(D) Some steps lead to a beach.

(A) 사람들이 해변에서 쉬고 있다.

(B) 사람들이 물에서 수영하고 있다.

(C) 몇몇 식물에 물이 뿌려지는 중이다.

(D) 몇몇 계단이 해변으로 이어져 있다.

정답 (D)

해설 (A) 사람들을 찾아볼 수 없으므로 오답.

(B) 사람들을 찾아볼 수 없으므로 오답.

(C) 식물에 물을 주는 동작을 하는 사람이 없으므로 오답.

(D) 계단이 해변으로 이어져 있는 상태이므로 정답.

어휘 **rest** 쉬다, 휴식하다 **plant** 식물 **water** v. ~에 물을 주다 **steps** 계단 **lead to** ~로 이어지다, 연결되다

2.

(A) The boats are being tied to a dock.

(B) A man is getting out of the boat.

(C) Boats are sailing in the ocean.

(D) Boats are positioned side by side.

(A) 보트들이 부두에 정박되는 중이다.

(B) 한 남자가 보트에서 나오고 있다.

(C) 보트들이 바다에서 항해하고 있다.

(D) 보트들이 나란히 위치해 있다.

정답 (D)

해설 (A) 보트를 부두에 정박하는 동작을 하는 사람이 없으므로 오답.

(B) 사람을 찾아볼 수 없으므로 오답.

(C) 이동 중인 보트를 찾아볼 수 없으므로 오답.

(D) 보트들이 나란히 위치해 있는 상태이므로 정답.

어휘 **be tied to** ~에 정박되다, 묶이다 **dock** 부두 **get out of** ~에서 나오다 **sail** 항해하다 **ocean** 바다 **position** v. ~을 위치시키다, 두다 **side by side** 나란히

3.

(A) Some boats are docked at a pier.

(B) Some people are boarding a boat.

(C) Some buildings are located on a hill.

(D) Some boats are approaching the shore.

(A) 몇몇 보트들이 부두에 정박되어 있다.

(B) 몇몇 사람들이 보트에 탑승하고 있다.

(C) 몇몇 건물들이 언덕에 위치해 있다.

(D) 몇몇 보트들이 해안가에 다가가고 있다.

정답 (A)

해설 (A) 보트들이 부두에 묶여 있으므로 정답.

(B) 사진 속에 사람이 없으므로 오답.

(C) 건물들은 부두에 위치해 있으므로 오답.

(D) 해안가로 다가오는 보트들이 없으므로 오답.

어휘 dock n. 부두, 선창 v. 부두에 대다, 정박하다 pier 부두 board ~에 탑승하다 be located 위치해 있다 approach ~에 다가가다, 접근하다 shore 해안가

4.

(A) A woman is pointing to a map.

(B) A man is putting items in a backpack.

(C) They're hiking through a forest.

(D) They're posing for a photograph.

(A) 여자가 지도를 가리키고 있다.

(B) 남자가 배낭에 물건들을 넣고 있다.

(C) 사람들이 숲 속을 걷고 있다.

(D) 사람들이 사진을 찍기 위해 포즈를 취하고 있다.

정답 (C)

해설 (A) 여자는 앞서서 걸어가는 중이므로 오답.

(B) 남자는 배낭을 메고 걸어가는 중이므로 오답.

(C) 두 사람이 숲길을 따라 걷고 있으므로 정답.

(D) 포즈를 취하고 있는 사람들이 없으므로 오답.

어휘 point to ~을 가리키다 item 물건 backpack 배낭 hike 걷다, 하이킹하다 through ~을 통과하여 forest 숲 pose 포즈를 취하다 photograph 사진

5.

(A) There are some people standing on a bridge.

(B) Some people are relaxing on a bench.

(C) Some people are eating at a picnic table.

(D) Trees are lining both sides of a path.

(A) 다리 위에 몇몇 사람들이 서 있다.

(B) 몇몇 사람들이 벤치에 앉아 쉬고 있다.

(C) 몇몇 사람들이 피크닉 테이블에서 음식을 먹고 있다.

(D) 길의 양 옆을 따라 나무들이 줄지어 서 있다.

정답 (B)

해설 (A) 다리 위에 사람이 없으므로 오답.

(B) 벤치에 앉아 있는 사람들이 쉬고 있으므로 정답.

(C) 사진 속에 피크닉 테이블이 없으므로 오답.

(D) 길 양 쪽에는 울타리가 쳐져 있으며 사진 속의 나무는 줄지어 서 있지 않으므로 오답.

어휘 bridge 다리 relax 쉬다 line 줄지어 서다 both 양쪽, 둘 다 path 길

Day 04 동사의 특성 ❷

3초 퀴즈

정답 (B)

해석 그 지사의 부장은 보통 일찍 퇴근한다.

해설 주어가 단수주어이므로 동사 끝에 -s를 붙인 단수동사 (B) leaves가 정답이다.

어휘 branch 지사 manager 부장 usually 보통 leave the office 퇴근하다 early 일찍

Practice

1. (D)	2. (C)	3. (C)	4. (B)	5. (C)

1.

정답 (D)

해석 길포드 호텔은 손님들에게 무료 조식을 제공한다.

해설 빈칸 앞뒤로 주어와 목적어가 제시되어 있으므로 빈칸은 동사 자리이다. 주어가 단수명사이므로 단수동사 (D) provides가 정답이다.

어휘 guest 손님 complimentary 무료의 breakfast 조식, 아침 provide ~을 제공하다

2.

정답 (C)

해석 사무용품들 중 몇몇은 사무실에서 너무 많은 공간을 차지한

다.

해설 빈칸 앞에 주어가, 빈칸 뒤에 목적어가 있으므로 빈칸은 동사 자리이다. 주어가 복수 부정대명사이므로 복수동사 (C) take up이 정답이다.

어휘 some 몇몇 office supply 사무 용품 space 공간 take up ~을 차지하다

3.

정답 (C)

해석 자연사 박물관을 찾는 방문객들은 가이드 동반 견학 서비스에 미리 등록하도록 요청받는다.

해설 문장의 동사를 먼저 찾으면 빈칸과 전치사구 뒤에 are asked 가 동사임을 알 수 있다. 따라서 빈칸부터 전치사구가 문장의 주어가 되어야 하므로 빈칸에는 복수주어가 와야 한다. 따라서 복수명사 (C) Visitors가 정답이다.

어휘 be asked to do ~하도록 요청받다 register 등록하다 in advance 미리 guided 가이드의 안내를 받는 visitor 방문객 visit 방문하다

4.

정답 (B)

해석 카도사 전자는 자사의 제품 상세 정보를 웹사이트의 "상품" 페이지에 개요를 서술해놓았다.

해설 빈칸 앞뒤로 주어와 목적어가 있으므로 빈칸은 동사 자리이다. 또한, 주어가 회사명이어서 단수이므로 단수동사 (B) outlines가 정답이다.

어휘 electronics 전자 기기 product 제품 details 상세 정보 merchandise 상품 outlining 개요 작성 outline v. 개요를 서술하다 n. 개요

5.

정답 (C)

해석 우리 숙소에 관해 말하자면, 그 지역의 대부분의 호텔들이 이미 예약되었다.

해설 빈칸 앞에 명사와 전치사구가, 빈칸 뒤에 과거분사가 있으므로 빈칸에는 be동사가 들어가야 한다. 주어가 복수이므로 복수동사 (C) are이 정답이다.

어휘 as for ~에 관해 말하자면 accommodation 숙소 most 대부분의 area 지역 already 이미 book ~을 예약하다

Day 05 Weekly Test

VOCA

1. (C)	**2.** (B)	**3.** (A)	**4.** (A)	**5.** (C)
6. (B)	**7.** (B)	**8.** (A)		

7.

해석 배송은 영업일 기준 3일이 걸린다는 것을 유념해 주십시오.

해설 빈칸 뒤에 배송이 3일의 영업일이 걸린다는 공지의 내용이 제시되어 있으므로 '~을 유념하다'라는 뜻의 (B) note가 정답이다.

어휘 shipping 배송 take (시간이) 걸리다 business day 영업일 maintain ~을 유지하다 note ~을 유념하다 approve ~을 승인하다 inform 알리다

8.

해석 그 실험실은 샘플을 검수했고 의사에게 결과물을 보냈다.

해설 빈칸 뒤에 검수의 결과물을 받는 대상이 제시되어 있으므로 '~을 보내다, 전송하다'라는 뜻의 (A) forwarded가 정답이다.

어휘 laboratory 실험실 examine ~을 검수하다 findings 결과물 physician 의사 forward ~을 보내다, 전송하다 measure ~을 측정하다 inspect ~을 점검하다 request ~을 요청하다

LC

1. (A)	**2.** (C)	**3.** (D)	**4.** (D)	**5.** (B)

1.

(A) Some people are lined up at the side of the road.

(B) A street is crowded with people.

(C) Some buses are stopped at a traffic light.

(D) Some buildings are under construction.

(A) 몇몇 사람들이 도로 옆에 줄 서 있다.

(B) 길이 사람들로 붐비고 있다.

(C) 몇몇 버스들이 교통 신호에 멈춰 있다.

(D) 몇몇 건물들이 공사 중이다.

정답 (A)

해설 (A) 사람들이 도로 옆 버스 정류장에서 길게 한 줄로 서 있으므로 정답.

(B) 길이 사람들로 붐비는 모습이 아니므로 오답.

(C) 버스는 한 대만 보이고 있으며 교통 신호가 없으므로 오답.

(D) 공사 중인 건물은 없으므로 오답.

어휘 be lined up 나란히 줄지어 서다, 정렬하다 vehicle 차량 in a row 한 줄로 traffic light 교통 신호 under construction 공사 중인

2.

(A) Some people are walking up a ramp.

(B) Some buildings are overlooking the water.

(C) Some people are dining outdoors.

(D) Some chairs are stacked at the corner.

(A) 몇몇 사람들이 경사로를 올라가고 있다.

(B) 몇몇 건물들이 강을 바라보고 있다.

(C) 몇몇 사람들이 야외에서 식사를 하고 있다.

(D) 몇몇 의자들이 모퉁이에 쌓여 있다.

정답 (C)

해설 (A) 사진 속에 경사로가 없으므로 오답.

(B) 사진 속에 강이 보이지 않으므로 오답.

(C) 사진의 오른쪽에 있는 많은 사람들이 테이블에 앉아 식사를 하고 있으므로 정답.

(D) 쌓여 있는 의자가 없으므로 오답.

어휘 ramp 경사로 overlook ~을 바라보다, 내려다보다 dine 식사하다 outdoors 야외에서 stack ~을 쌓다, 포개다

3.

(A) There is a bridge over a stream.

(B) There is a bench in front of a forest.

(C) Some trees have been cut down.

(D) There are lampposts along the path.

(A) 개울 위로 다리가 있다.

(B) 숲 앞에 벤치가 있다.

(C) 몇몇 나무들이 베어져 있다.

(D) 길을 따라 가로등이 있다.

정답 (D)

해설 (A) 사진 속에 개울이 없으므로 오답.

(B) 사진 속에 벤치가 없으므로 오답.

(C) 베어져 있는 나무는 보이지 않으므로 오답.

(D) 길 옆에 일렬로 여러 개의 가로등이 있으므로 정답.

어휘 bridge 다리 stream 개울, 시내 in front of ~앞에 forest 숲 potted 화분에 심은 lamppost 가로등 along ~을 따라 path 길

4.

(A) A ship is docked at a pier.

(B) Some people are standing on a dock.

(C) Some buildings are located near a hill.

(D) A bridge crosses over a river.

(A) 배가 부두에 정박해 있다.

(B) 몇몇 사람들이 부두에 서 있다.

(C) 몇몇 건물들이 언덕 가까이에 위치해 있다.

(D) 다리가 강을 가로지르고 있다.

정답 (D)

해설 (A) 배는 강 위에 떠 있으므로 오답.

(B) 부두에 서 있는 사람들은 보이지 않으므로 오답.

(C) 건물들 가까이에 언덕이 없으므로 오답.

(D) 강을 가로 질러서 다리가 있으므로 정답.

어휘 be docked 정박해 있다 pier 부두 dock 부두, 선창 be located 위치해 있다 hill 언덕 cross 가로지르다

5.

(A) A man is relaxing under an umbrella.
(B) A beach umbrella has been set up.
(C) There are some people swimming in the sea.
(D) Some benches are occupied.

(A) 남자가 파라솔 아래에서 쉬고 있다.
(B) 비치 파라솔이 설치되어 있다.
(C) 바다에서 수영을 하는 사람들이 있다.
(D) 몇몇 벤치에 사람들이 앉아 있다.

정답 (B)
해설 (A) 남자가 쉬고 있는 모습이 아니므로 오답.
(B) 비치 파라솔이 모래사장에 펼쳐져 있으므로 정답.
(C) 바다에서 수영하는 사람들이 없으므로 오답.
(D) 사람들이 앉아 있는 벤치가 없으므로 오답.
어휘 relax 편히 쉬다 beach umbrella 비치 파라솔 set up
~을 설치하다 be occupied (방, 의자 등에) 사람이 차 있다,
사람이 앉아 있다

RC

1. (B)	2. (C)	3. (D)	4. (B)	5. (C)
6. (A)	7. (D)	8. (A)	9. (A)	10. (D)

1.
정답 (B)
해석 헤이븐 항공사는 도착 승객들에게 승무원의 서비스에 대한 설
문조사를 작성할 것을 정기적으로 요청한다.
해설 빈칸 앞에 일상적인 일에 사용되는 부사 routinely가 있으므
로 현재시제 (B) asks가 정답이다.
어휘 routinely 정기적으로 arriving 도착하는 passenger
승객 fill out ~을 채우다 survey 설문조사 cabin crew
승무원 ask ~을 요청하다

2.
정답 (C)
해석 우리는 더 이상의 배송 지연이 생기지 않도록 보장하기 위해
공급업체와의 계약을 최근에 수정했다.
해설 문장에 부사 recently가 있으므로 현재완료시제 (C) have
amended가 정답이다.

어휘 contract 계약서 supplier 공급업체 recently 최근에
ensure that ~하도록 보장하다 delivery 배송 amend
~을 수정하다

3.
정답 (D)
해석 이 이메일은 귀하의 회원 가입 신청서를 수취했음을 알려 드리
기 위한 것입니다.
해설 빈칸 앞에 주어가 있으므로 빈칸은 동사 자리이다. 단수주어
와 수 일치되어야 하므로 단수동사 (D) acknowledges가 정
답이다.
어휘 receipt 수취 membership 회원 가입 application
form 신청서 acknowledge ~을 받았음을 알리다
acknowledgement 승인

4.
정답 (B)
해석 토론토 웹 협회 회원들은 다음 달에 마케팅 경향에 대해 논의
하기 위해 SES 컨퍼런스에서 모일 것이다.
해설 빈칸 뒤에 미래 시점을 나타내는 next month가 있으므로 미
래시제 (B) will convene이 정답이다.
어휘 association 협회 discuss ~을 논의하다 trend 경향
convene 모이다

5.
정답 (C)
해석 항공업계의 경쟁의 증가는 작년에 항공 요금에서의 상당한 하
락을 초래했다.
해설 문장 맨 끝 부분에 과거시점을 나타내는 last year가 있으므로
과거시제 (C) caused가 정답이다.
어휘 increase 증가 competition 경쟁 aviation 항공
industry 업계 significant 상당한 drop 하락 air fare
항공 요금 cause ~을 초래하다

6.
정답 (A)
해석 회의 안건의 사본은 책임자의 허락 없이는 직원들에게 배포되
지 않는다.
해설 빈칸은 빈칸 뒤에 있는 과거분사와 함께 문장의 동사를 구성
해야 하므로 (C) being을 먼저 소거해야 한다. 문장의 주어가
복수주어이므로 복수동사 (A) are이 정답이다.
어휘 copy 복사본 agenda 안건 distribute ~을 분배하다
staff 직원 without ~없이는 director 책임자
permission 허락

7.
정답 (D)
해석 호수에 있는 파스타치오 이탈리아 음식점은 고객들에게 우수

한 서비스를 제공한다.

해설 빈칸 앞뒤에 주어와 목적어가 있으므로 빈칸은 문장의 동사
자리이다. 단수주어와 수 일치되어야 하므로 단수동사 (D)
provides가 정답이다.

어휘 **lake** 호수 **excellent** 훌륭한 **customer** 손님 **provide**
~을 제공하다

8.

정답 (A)

해석 그 대리점은 2001년 이후로 나이에 따른 고객 소비 경향에 대
한 자료를 수집해 왔다.

해설 문장 끝 부분에 since와 과거시점 표현이 제시되어 있으므로
현재완료시제 (A) has collected가 정답이다.

어휘 **agency** 대리점 **consumer spending** 고객 소비 **trend**
경향 **according to** ~에 따른 **age** 나이 **since** ~이후로
collect ~을 수집하다

9.

정답 (A)

해석 팜파노 제과점의 킹 케이크 할인 행사는 매 3개월마다 열린
다.

해설 빈칸 앞뒤에 주어와 부사구가 있으므로 빈칸은 문장의 동사
자리이다. 단수주어와 수 일치되어야 하므로 단수동사 (A) is
held가 정답이다.

어휘 **sales event** 할인 행사 **bakery** 제과점 **every** ~마다 **be
held** (행사 등이) 열리다

10.

정답 (D)

해석 시장 조사 연구의 결과가 본 안내 정보 묶음에 포함되어 있는
보고서에 요약되어 있습니다.

해설 빈칸 앞뒤에 주어와 전치사구가 있으므로 빈칸은 문장의 동
사 자리이다. 복수주어와 수 일치되어야 하므로 복수동사 (D)
are summarized가 정답이다.

어휘 **result** 결과 **market** 시장 **research** 조사 **study** 연구
report 보고서 **contain** ~을 포함하다 **information
pack** 안내 정보 묶음 **summarize** ~을 요약하다

시원스쿨 **LAB**